L'autobus magique
dans l'œil de l'ouraaan

L'autobus magique
dans l'œil de l'ouragan

Texte de Joanna Cole
Illustrations de Bruce Degen

Texte français de Lucie Duchesne

Avec la collaboration de Ève Christian, météorologue

Les éditions Scholastic

L'auteur et l'illustrateur remercient Robert C. Sheets, Ph.D., directeur du National Hurricane Center, et Daniel Leathers, Ph.D., climatologue de l'État du Delaware, Universty of Delaware, pour leur précieuse collaboration.

Données de catalogage avant publication (Canada)

Cole, Joanna
L'autobus magique dans l'oeil de l'ouragan

Traduction de: The magic school bus inside a hurricane.
ISBN 0-590-16699-9

1. Ouragans - Ouvrages pour la jeunesse.
I. Degen, Bruce. II. Duchesne, Lucie.
III. Titre.

QC944.2.C6414 1997 j551.55'2 C97-930868-2

Édition publiée par Les éditions Scholastic, 123, Newkirk Road, Richmond Hill (Ontario) L4C 3G5.

4 3 2 1   Imprimé aux États-Unis   7 8 9/9

Merci à notre éditrice, Phoebe Yeh.
Tu es une vraie magicienne.
J.C. et B.D.

À Benoit et Damien, L.D.
À Jade et Raphaël, È.C.

Ces jours-ci, on étudie le temps. Dans notre classe, on ne parle que de pluie, de neige, d'ensoleillement et de vent.
Tous les élèves participent à un projet de recherche sur le temps.
Nous écoutons même les prévisions de la météo à la radio de Mme Friselis.

ADDITION

ORTHOGRAPHE

Soleil	vent
pluie	neige
bruine	grésil
grêle	ouragan
n'oubliez	pas
votre	parapluie

À mon ancienne école, on n'avait pas des projets comme ça.

À mon ancienne école, mon prof ne s'habillait pas comme ça.

L'ANÉMOMÈTRE mesure la direction et la vitesse du vent.

Et maintenant, la météo...

Nos flocons de neige par Damien et Kisha

LA MÉTÉO, MODE D'EMPLOI

LE PRÉVISIONNISTE

Manche à air

La neige
LA PLUIE
LA GRÊLE
L'horreur

LES AVENTURES DU PRÉVISIONNISTE
LE PRÉVISIONNISTE ET LA TEMPÊTE
LE PRÉVISIONNISTE ET LE BONHOMME DE NEIGE

QU'EST-CE QUI PRODUIT LE VENT? • par Jérome

Une masse d'air lourd glisse dessous et soulève une masse d'air plus léger. Lorsqu'elles se déplacent, cela produit du vent. Il y a du vent léger, comme une brise, et de forts coups de vent qui peuvent détruire des objets.

Quelques instants plus tard, nous sommes installés dans le vieil autobus. Nous essayons d'écouter un peu de musique à la radio. Mais personne ne remarque que Mme Friselis tourne un étrange cadran sur le tableau de bord et que l'autobus se transforme.

ZOUM!

Le vent n'est que de l'air en mouvement, les enfants.

Chers auditeurs, la vitesse des vents augmente.

Pas de musique dans cette radio?

Elle ne donne que la météo!

C'est logique.

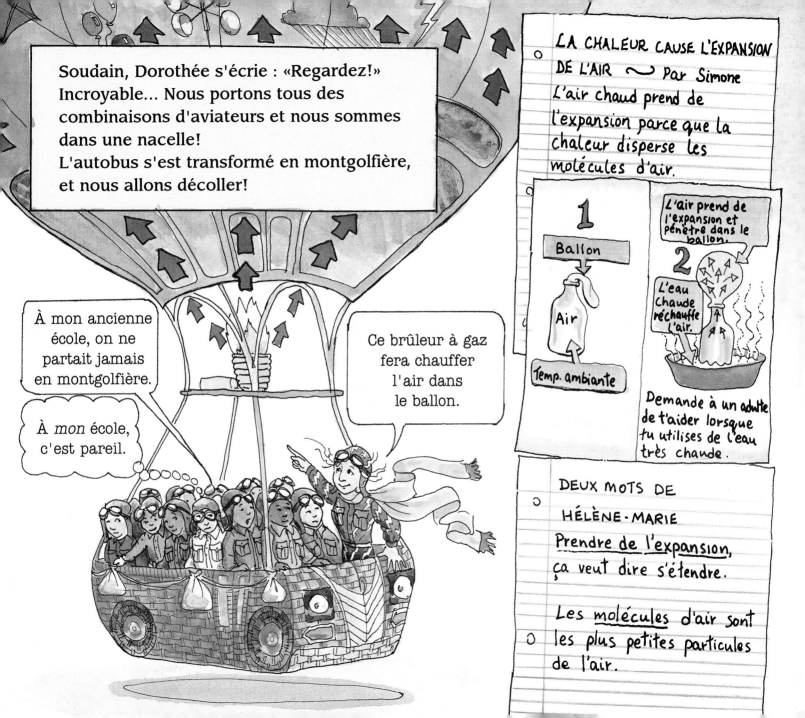

La montgolfière commence à s'élever dans les airs, et Mᵐᵉ Friselis nous dit : «Saviez-vous, les enfants, que l'air chaud monte?»

UN MOT SUR LA MÉTÉO
par Hélène-Marie
Lorsque l'eau se condense,
les molécules de la vapeur
d'eau se réunissent et
forment des gouttes
d'eau.

«L'air chaud qui monte de la Terre contient une multitude de molécules de vapeur d'eau, poursuit Mme Friselis. Lorsque l'air monte, il refroidit. L'eau contenue dans l'air se condense pour former les nuages.»

As-tu apporté ton imperméable, Jérôme?

Non, mais je rêve?

Au-dessous de nous, les météorologues sont dehors, sous la pluie. Ils ne nous voient pas dans le nuage, mais nous entendons leurs voix.
L'un d'eux dit : «J'espère que cette dame sait qu'il y a une veille météorologique d'ouragan.»

Jérôme, attention! Veille météorologique d'ouragan!

Non, je n'ai rien entendu...

QU'EST-CE QU'UN OURAGAN?
par Florence

Un ouragan est l'un des phénomènes météorologiques les plus violents.

Pendant un ouragan, les vents soufflent en cercle autour du centre de la tempête, à 120 km/h ou plus!

SYMBOLE DE L'OURAGAN

D'AUTRES MOTS DE MÉTÉO
par Hélène-Marie

Une veille d'ouragan signifie qu'un ouragan peut se produire d'ici les 36 prochaines heures.

Un avertissement d'ouragan signifie qu'un ouragan va se produire d'ici les 24 prochaines heures.

Un avertissement est plus urgent qu'une veille.

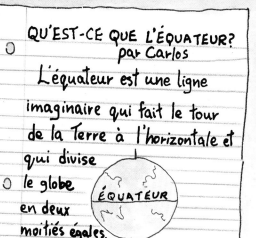

QU'EST-CE QUE L'ÉQUATEUR?
par Carlos

L'équateur est une ligne imaginaire qui fait le tour de la Terre à l'horizontale et qui divise le globe en deux moitiés égales.

ÉQUATEUR

POURQUOI FAIT-IL PLUS CHAUD PRÈS DE L'ÉQUATEUR?
par Damien

Étant donné l'inclinaison de la Terre, les rayons du Soleil frappent presque toujours vers le milieu de la Terre. Cela veut dire qu'il n'y a pas d'hivers froids à cet endroit.

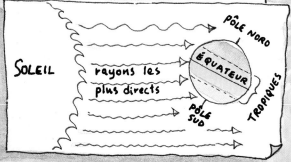

SOLEIL — rayons les plus directs — PÔLE NORD — ÉQUATEUR — PÔLE SUD — TROPIQUES

Comme d'habitude, Mme Friselis n'y accorde pas d'attention. Elle augmente la flamme, et encore plus d'air chaud pénètre à l'intérieur du ballon. Lorsque nous nous sommes au-dessus du nuage, le vent commence à nous entraîner vers le sud. Peu de temps après, nous avons parcouru des milliers de kilomètres. Frisette explique que nous sommes au-dessus d'un océan tropical, environ 800 km au nord de l'équateur.

Que d'eau! Que d'eau!

On pourrait se baigner!

Faire de la planche à voile!

De la plongée!

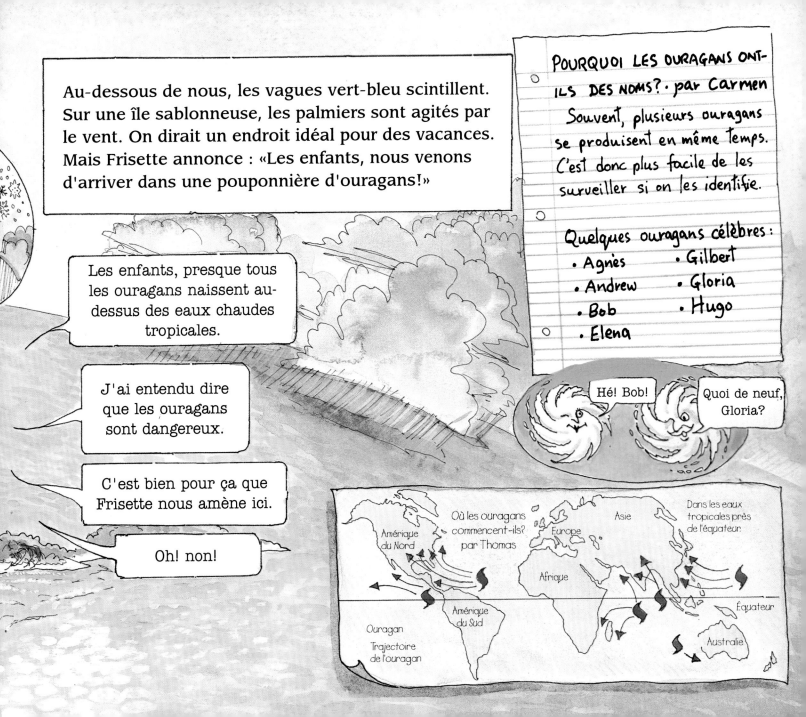

QUAND ARRIVE LA SAISON DES OURAGANS?
par Rachel

La plupart des ouragans commencent à la fin de l'été, lorsque la température des océans tropicaux atteint son point le plus élevé.

Plus l'océan est chaud, plus l'ouragan risque d'être violent.

Août   Septembre   Octobre

«Les enfants, n'oubliez pas que lorsque l'air chaud s'élève au-dessus de la surface de l'océan, la vapeur d'eau contenue dans l'air se condense et forme des nuages», dit Frisette. L'air qui s'est élevé a créé au sol un genre de trou qui se remplit par de l'air chaud surgissant de tous les côtés. Au milieu de l'air qui s'élève se forme une colonne d'air qui retombe vers le sol. Et nous retombons avec elle.

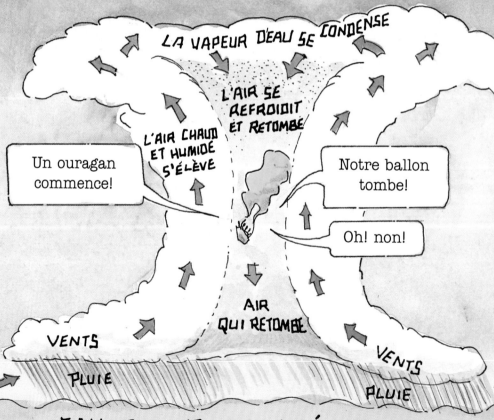

«Ouille! fait Mme Friselis. Il doit y avoir une fuite dans le ballon.» L'air chaud s'en échappe, et la montgolfière plonge. «Sautez!» crie Frisette. Elle saute hors de la nacelle, et nous la suivons. Tout de suite, nous savons que c'est une grosse erreur.

Toutes les tempêtes tropicales deviennent-elles des ouragans? • par Mathilde

Non. Partout dans le monde, il y a plus de 100 tempêtes tropicales chaque année.

Environ seulement 60 d'entre elles atteignent la force d'un ouragan.

Et seulement quelques-uns d'entre eux frappent des régions habitées.

Dépêche-toi, Jérôme! Saute!

Je veux maman!

Suivez-moi, les enfants!

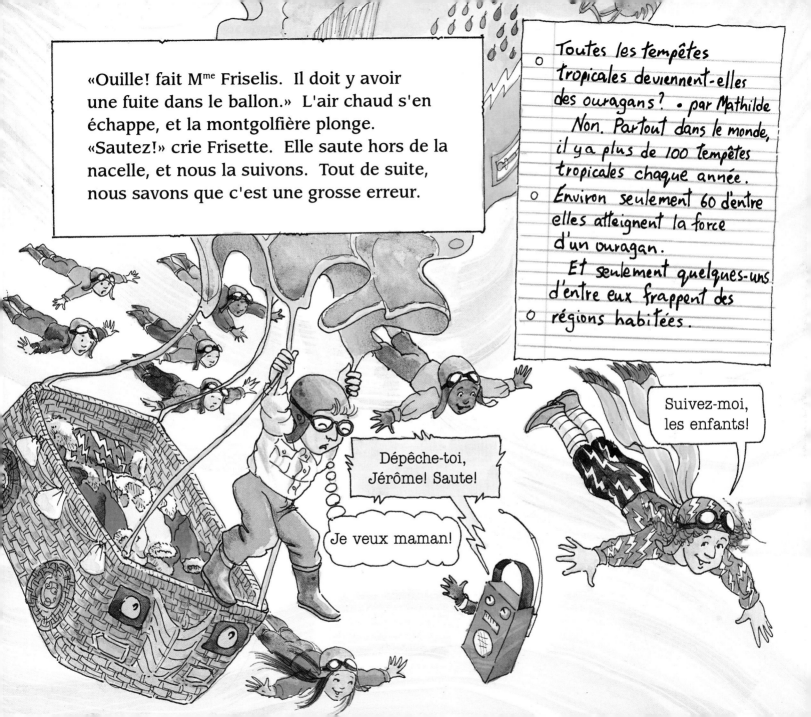

LES ÉCLAIRS SONT DE L'ÉLECTRICITÉ par Raphaël

Les nuages deviennent chargés d'électricité. Lorsque la différence de potentiel devient trop élevée, l'électricité bondit d'une place à l'autre. C'est alors qu'on voit des éclairs.

Les éclairs sont chauds! par Kisha

Un éclair atteint une température de 27 760°C. C'est environ cinq fois plus chaud que la surface du Soleil.

Les nuages qui nous entourent sont zébrés d'éclairs. Nous pensons que notre dernière heure est arrivée, mais nous retrouvons l'autobus. Il s'est transformé en avion de reconnaissance météorologique, une sorte d'avion qui explore les ouragans. Nous finissons par arriver de justesse dans l'avion... heu... l'autobus... enfin, l'avion, quoi!

Pendant un orage, la foudre peut produire plus d'électricité que ce qu'une grande ville consomme en une semaine!

C'est notre autobus!

Il est différent!

Je monte à bord!

Revenez!

En voiture

Le tonnerre gronde, et nous nous bouchons les oreilles. Mme Friselis prend les commandes et change de cap : nous nous dirigeons directement vers le centre de la tempête. Pourtant, nous avons l'impression qu'il manque quelqu'un.

LE TONNERRE EST UN SON PRODUIT PAR L'AIR
par Pascale

Les éclairs réchauffent l'air et lui font prendre de l'expansion. Lorsqu'on ouvre une cannette de boisson gazeuse, on entend un «pop». C'est le son de l'air qui prend de l'expansion. C'est un peu comme le tonnerre, mais en beaucoup moins fort.

POP

COLA

L'ouragan se rapproche maintenant...

Mais pas de problème, Jérôme. On va s'en tirer.

Radar

Radar

BOUM

Mais pourquoi c'est toujours à moi que ça arrive?

Tout autour, il y a des colonnes d'air appelées cheminées. Elles aspirent de plus en plus d'air chaud et humide en provenance de l'océan. L'énergie calorifique de l'air alimente la tempête et la rend plus intense. L'avion est secoué, et nous aussi!

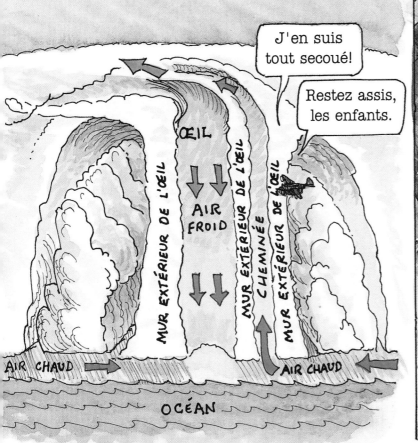

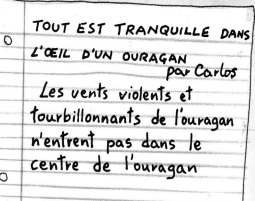

TOUT EST TRANQUILLE DANS L'ŒIL D'UN OURAGAN
par Carlos

Les vents violents et tourbillonnants de l'ouragan n'entrent pas dans le centre de l'ouragan

VENTS

VENTS

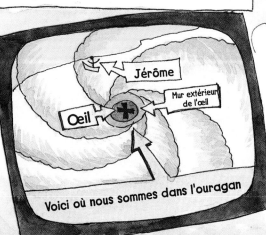

Jérôme

Mur extérieur de l'œil

Œil

Voici où nous sommes dans l'ouragan

Soudain, tout devient calme. «Les enfants, nous sommes dans l'œil, ou le centre, de l'ouragan!» annonce Mᵐᵉ Friselis. Les vagues sont toujours aussi énormes, au-dessous de nous, et le vent hurle à l'extérieur, mais dans l'œil de l'ouragan souffle une douce brise. Au-dessus de nous, le ciel est bleu et le Soleil brille. Enfin, un peu de répit!

Tout est calme!

Une petite brise!

Nous volons sur environ 50 km à travers l'œil. Puis Frisette crie : «Nous allons pénétrer dans les nuages de l'autre côté de l'œil.» «Non!» nous écrions-nous en chœur. Mais l'avion poursuit sa route — de retour vers les vents forts et la pluie abondante de l'ouragan.

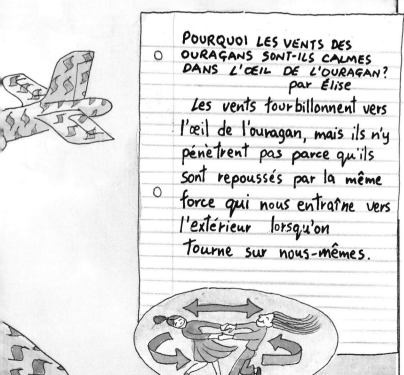

POURQUOI LES VENTS DES OURAGANS SONT-ILS CALMES DANS L'ŒIL DE L'OURAGAN?
par Élise

Les vents tourbillonnent vers l'œil de l'ouragan, mais ils n'y pénètrent pas parce qu'ils sont repoussés par la même force qui nous entraîne vers l'extérieur lorsqu'on tourne sur nous-mêmes.

Nous essayons d'atteindre la côte avant que l'ouragan nous frappe!

Bonne idée!

L'ouragan approche des côtes. Il y aura de grosses inondations (ou crues) le long du littoral.

COMMENT SE DÉPLACE UN OURAGAN
par Catherine

Lorsqu'un ouragan commence, il se déplace généralement lentement, d'environ 15 à 30 km/h. En se déplaçant vers le nord, sa vitesse peut atteindre jusqu'à 100 km/h. Les ouragans peuvent parcourir des centaines de kilomètres chaque jour.

40 km/h

Quelle partie de l'ouragan est la plus violente?
par Florence

La partie avant droite est la plus violente, parce que les tourbillons se dirigent vers les côtes. Leur force s'ajoute aux vents qui font avancer l'ouragan.

L'ouragan se dirige au-dessus de l'océan vers le littoral, et nous avec lui! «Lorsqu'on regarde les côtes, c'est la partie droite avant de l'ouragan qui apporte les vents, les pluies et les vagues les plus forts», hurle Frisette. Évidemment, elle nous entraîne directement dans cette zone.

Un ouragan se déplace comme une toupie.

Il se déplace de deux façons.

Il tourne sur lui-même...

... et il avance.

TERRE FERME

c'est ici qu'il y aura le plus de dégâts

PARTIE DROITE AVANT DE L'OURAGAN

PARTIE DROITE ARRIÈRE

ŒIL

PARTIE GAUCHE AVANT DE L'OURAGAN

PARTIE GAUCHE ARRIÈRE

VERS L'AVANT

TRAJECTOIRE DE L'OURAGAN

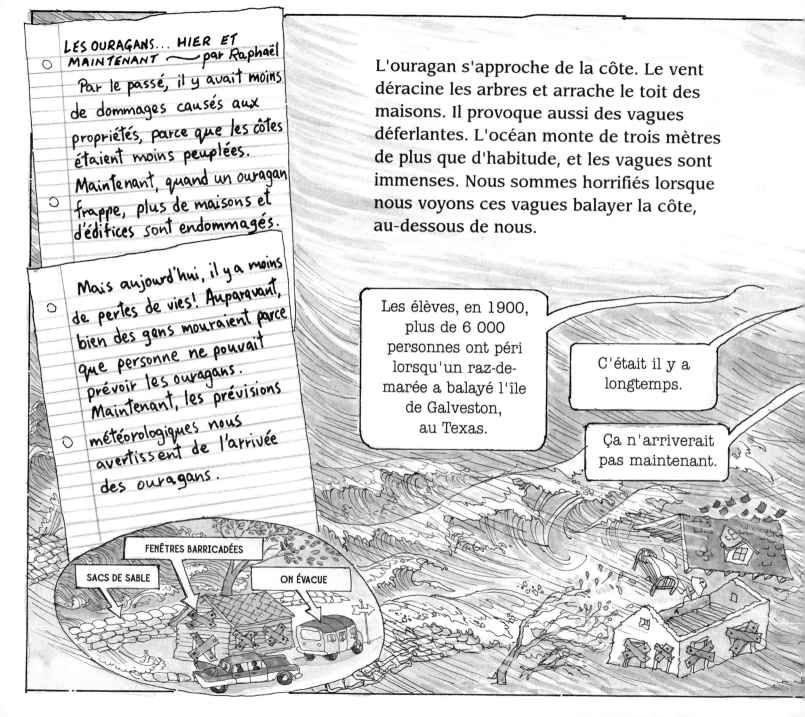

LES OURAGANS... HIER ET MAINTENANT — par Raphaël

Par le passé, il y avait moins de dommages causés aux propriétés, parce que les côtes étaient moins peuplées.

Maintenant, quand un ouragan frappe, plus de maisons et d'édifices sont endommagés.

Mais aujourd'hui, il y a moins de pertes de vies! Auparavant, bien des gens mouraient parce que personne ne pouvait prévoir les ouragans. Maintenant, les prévisions météorologiques nous avertissent de l'arrivée des ouragans.

SACS DE SABLE

FENÊTRES BARRICADÉES

ON ÉVACUE

L'ouragan s'approche de la côte. Le vent déracine les arbres et arrache le toit des maisons. Il provoque aussi des vagues déferlantes. L'océan monte de trois mètres de plus que d'habitude, et les vagues sont immenses. Nous sommes horrifiés lorsque nous voyons ces vagues balayer la côte, au-dessous de nous.

Les élèves, en 1900, plus de 6 000 personnes ont péri lorsqu'un raz-de-marée a balayé l'île de Galveston, au Texas.

C'était il y a longtemps.

Ça n'arriverait pas maintenant.

Jérôme réussit à grimper à bord de l'avion avant que nous soyons balayés par les vagues à l'avant de l'ouragan. L'eau monte le long des fenêtres. L'avion va sombrer, c'est sûr! Puis nous voyons un tourbillon foncé, en forme d'entonnoir, s'approcher de nous.

«J'ai déjà vu ça à la télé», dit Raphaël.
«J'ai lu quelque chose là-dessus!» dit Kisha.
L'étrange tourbillon fonce droit sur nous.
En quelques secondes, notre avion est
littéralement avalé par la tornade.

LES TORNADES RESSEMBLENT-
ELLES AUX OURAGANS?
par Philippe

Oui et non. Les tornades et les ouragans sont des tourbillons de vent.

Mais :

1. les tornades sont beaucoup plus petites que les ouragans;
2. leurs vents sont beaucoup plus rapides, pour la plupart;
3. elles détruisent presque tout sur leur passage.

Les tornades peuvent tourner jusqu'à des vitesses dépassant 420 km/h.

Les tornades se produisent souvent dans la partie de l'ouragan qui se déplace au-dessus du sol, les enfants.

Une tornade typique a une durée de vie courte : seulement quelques minutes.

Je pense que MA durée de vie est raccourcie.

LES TORNADES PEUVENT-ELLES TRANSPORTER DES OBJETS?
~ par Kisha ~

Oui! Les tornades sont comme des aspirateurs géants. Elles soulèvent la poussière, les détritus et même de très gros objets comme des maisons, des voitures, des arbres et des trains!

Un jour, une tornade a soulevé une caisse d'œufs et l'a transporté à plusieurs kilomètres de là. Pas un œuf n'a été cassé!

Après un moment, nous sentons un «BOUM!» et nous regardons autour de nous. La tornade nous a déposés doucement sur le sol. Nous sommes de nouveau dans notre vieil autobus scolaire et nous portons nos vêtements habituels. L'ouragan est terminé. Et nous sommes à une station-service.

Généralement, les objets soulevés par une tornade atterrissent tout brisés...

mais pas toujours.

Mille mercis!

LES OEUFS DELICIOEUFS C'EST DU SOLIDE!

SUPER

MAGIQUE

RÉGULIÈRE

SUPER

MAGIQUE

Mme Friselis remplit le réservoir et reprend le volant comme si rien ne s'était passé. «Comme je l'ai dit plus tôt, les enfants, nous allons visiter une station météorologique», explique-t-elle.

STATION MÉTÉO

Les météorologues de la station ont beaucoup de choses à nous dire sur les ouragans. Nous en avons long à leur raconter, nous aussi.

Les vents de l'ouragan tournent en cercle à cause...

... de la rotation de la Terre.

Hé! mais tu as raison!

Ouragan

Êtes-vous prêts?

Un ouragan, du début à la fin

1. L'air chaud s'élève au-dessus des eaux tropicales près de l'équateur.

2. Des nuages d'orage se forment.

3. Le vent commence à tourner autour de l'œil de la tempête.

4. La tempête se déplace.

Après cette excursion, nous avons besoin d'un peu de temps pour nous reposer. Mme Friselis nous permet d'organiser une petite fête. Nous jouons, nous dansons et nous prenons une collation. Et, pendant un moment, nous ne pensons même pas à ce que sera la prochaine excursion de la classe de Mme Friselis.

Le courrier de l'autobus magique
Des lettres, des lettres...

À l'éditeur de l'autobus magique,
Un autobus ne peut pas se transformer en montgolfière ou en avion de reconnaissance météorologique.
Ça ne se peut pas.
Votre amie,
Jade

Ici, pas d'ouragans!

Du solide!

Chère Joanna,
Les radios ne peuvent pas PARLER aux gens.

Barbara

À Joanna Cole
Auteure
a/s Scholastic

Bons baisers de Floride!

Chère Joanna, cher Bruce,
C'est peut-être amusant de lire quelque chose sur les ouragans, mais pas d'être pris dans un ouragan pendant des vacances dans le sud. Je le sais, parce que j'ai rencontré l'ouragan Andrew, et j'ai eu peur!
Jérôme

**Cher Bruce,
Les radios ne dansent pas.**

Fanny

**À Bruce Degen
Illustrateur
a/s Scholastic**

Cher Jérôme,
Pendant ton excursion, l'ouragan a atteint les côtes. Mais la plupart des ouragans se déplacent loin dans la mer et ne causent ni blessures ni dommages.
Ton ami,
Monsieur Ouellet, le météorologue

Un bateau de pêche en mer ne survivrait probablement pas à un ouragan.

La garde côtière

Cher Bruce,
  Si Jérôme était réellement tombé de si haut jusque dans l'océan, il aurait eu besoin des premiers soins. Au moins!
Votre médecin

Chère Joanna,
  Les choses qui se passent pendant les excursions de Mme Friselis sont trop dangereuses pour les enfants. La prochaine fois, ils devraient rester chez eux.
Ta maman

L'hiver au Québec

Chère Mme Friselis,
  Nous croyons que toute votre classe devrait aller à l'ancienne école de Pascale.
Les élèves de l'école «Protégeons-nous»

Clair de lune à Montréal

À tous les lectrices et lecteurs,
  Certains des événements décrits dans ce livre sont de la fiction. Mais toutes les données scientifiques sont réelles!

Joanna et Bruce
Soyez prêts à tout!
À bientôt!

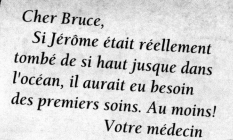

Autobus magique

AM